FLAVIUS

LE DUC

D'AUMALE

ET

L'AVENIR DE LA RÉPUBLIQUE

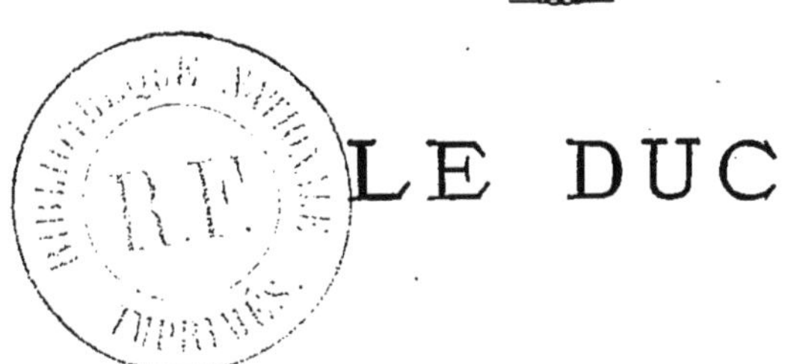

Prix : 1 franc.

PARIS

E. LACHAUD, ÉDITEUR-LIBRAIRE

4, PLACE DU THÉATRE-FRANÇAIS

1871

LE · DUC D'AUMALE

ET

L'AVENIR DE LA RÉPUBLIQUE

Plus de révolutions !

C'est le cri unanime de toute la partie saine de la population en France.

Après la succession de déchirements qui, depuis bientôt un siècle, fatiguent et énervent notre malheureux pays, un immense besoin de repos s'empare de tous les esprits : on a soif de paix à l'intérieur comme à l'extérieur ; on sent que sans elle la liberté et la prospérité ne sont que de vains mots et des mirages qui s'évanouissent au souffle de chaque commotion et de chaque tempête politique.

Tous les régimes ont été essayés et se sont écroulés les uns après les autres sans avoir pu prendre une racine sérieuse dans notre sol.

Cette instabilité déplorable des institutions et des gouvernements a fini par créer dans les générations actuelles une sorte de découragement et d'indifférence qui tendent à épuiser le patriotisme français.

Les événements auxquels nous avons eu la douleur d'assister depuis une année, année lamentable dans notre histoire, en ont donné, hélas! une trop triste preuve.

On ne croit plus à rien, on ne tient plus à rien; on assiste à une révolution comme un spectateur assiste, dans sa stalle, à une représentation théâtrale ou à un combat de taureaux; on n'a pas même la force de lever le pouce pour arrêter le massacre des gladiateurs qui s'égorgent dans l'arène.

Et on semble ne pas voir qu'au milieu de cette apathie désolante des classes intelligentes et honnêtes, le mauvais levain de la société travaille, que l'ivraie mûrit et étouffe l'épi sain, et on est stupéfait de se réveiller un matin au milieu du désordre d'une insurrection populaire. Alors on clôt soigneusement sa porte et sa fenêtre pour laisser passer, à l'abri, l'ouragan, sans paraître s'inquiéter de ce qu'il laissera derrière lui, et on se borne à crier : Vive le Roi! vive la Ligue! suivant que la girouette politique tourne pour indiquer l'aire du vent.

L'indifférence politique et religieuse est la grande plaie de notre époque; on sera bientôt obligé de recourir au dictionnaire de l'Académie pour rechercher ce que veut dire le mot *civisme*, et ce qu'on entendait par celui de *foi* chez nos pères.

Mais, à côté de cette désorganisation morale, vit toujours énergiquement le culte des intérêts matériels ; à défaut d'un plus noble mobile, on est contraint de s'adresser à celui-là, en jetant bien haut le cri menaçant de : Prenez garde à vous !

Plus de révolutions !

*
* *

Paix au dedans ! paix au dehors ! Le salut ne peut être que là.

Courons au but, atteignons-le, et peut-être le génie de la France reposée et retrempée dans les lumières de l'instruction et les saines inspirations du travail, lui rendra, au sein d'une prospérité féconde, les vertus patriotiques et l'énergie morale, trop effacées chez ses enfants d'aujourd'hui qui semblent s'acharner à consumer leurs forces dans une lutte stérile où l'égoïsme et l'esprit étroit des partis travaillent à son démembrement et à sa ruine plutôt qu'à sa fortune.

Mais pour arriver à cet état de paix que réclament tous les intérêts, il faut que chacun consente à faire des sacrifices d'opinion, sinon même de conviction ; il faut savoir reconnaître que dans le chaos politique où nous nous débattons depuis tant d'années, personne n'a absolument tort, comme personne n'a absolument raison.

En dehors de la conviction ou de la foi, qui ne raisonnent pas, les partisans de la monarchie légitime, de la monarchie parlementaire, de l'Empire ou de la République dans ses diverses formes, ont, à leur point de vue, de très-bons arguments à fournir à leurs adversaires en faveur de leur opinion, et de très-solides objections à opposer à leurs systèmes.

En politique comme en religion les opinions sont le plus souvent l'effet du hasard et non du raisonnement.

On naît catholique ou protestant, comme on naît monarchiste ou républicain : dans bien des cas c'est une question de famille, d'héritage ou de lieu de naissance, sur laquelle la controverse n'exerce que rarement une influence décisive.

La meilleure constitution, dans un pays où les opinions sont aussi divisées que dans le nôtre, doit donc être, non pas celle qui représente d'une façon absolue l'une des opinions spéciales toujours en lutte avec celle des autres partis, mais la constitution qui, dans un juste milieu, donne le plus de satisfaction possible à chacune d'elles.

C'est à ce résultat pacifique que devraient tendre aujourd'hui tous les efforts des classes intelligentes en France.

Aucun absolu ne saurait satisfaire la diversité de ses instincts légitimes. Elle doit chercher dans l'éclectisme la planche de salut dont elle a tant besoin, après avoir essayé tous les absolus et en avoir constaté le néant.

***

Prenez la République, dit l'un.

— Laquelle ?

Celle de 1793, qui, malgré ses grandeurs, a laissé une trace si sombre et si sanglante derrière elle, que le nom même de république en est demeuré taché, et est encore une cause d'épouvante pour l'immense majorité des populations ?

Celle de 1848, qui, au milieu de ses petitesses et des désordres de la place publique, a montré qu'elle manquait complétement d'hommes pour la fonder ainsi que de majorité dans le pays pour la conserver, et s'est éteinte si misérablement après quelques années d'existence maladive ?

Celle de 1871, qui a enfanté la monstrueuse Commune, soulevant l'horreur du monde civilisé et ajoutant encore une fois de plus cette funeste responsabilité au nom de la République, déjà redouté dans les campagnes et chez les populations ignorantes, incapables de discerner le vrai du faux, tant qu'une instruction sérieusement répandue n'aura pas pénétré dans ces intelligences à l'état d'enfance ou de fanatisme ?

Prenez l'Empire, dit l'autre.

— Lequel ?

L'Empire militaire qui, au commencement du siècle, a dévoré les populations viriles sur les stériles champs de bataille, où, malgré toutes ses gloires et ses conquêtes éphémères, il n'a récolté que le démembrement et la ruine de la France, après avoir, suivant l'expression du temps, voilé à l'intérieur la statue de la Liberté, étouffant sous les fumées de la poudre et assourdie par les sons incessants des tambours et des clairons ?

Ou l'Empire de 1852, qui, quoique paraissant si

solide et si puissant, vient de s'écrouler sous l'antipathie française contre le pouvoir personnel, et au premier revers d'une guerre imprudente et mal préparée ; montrant encore une fois de plus la faiblesse chez nous de tout régime absolu dans son principe, et dont la base ne sera pas énergiquement assise sur la souveraineté nationale sans arrière-pensées et sans réticences ?

Enfin, **prenez la Monarchie,** disent ceux-là.

Laquelle ?

La monarchie légitime et de droit divin dont les tendances et le passé sont aujourd'hui tellement en désaccord avec l'esprit public, qu'en dehors des généreuses fidélités que la naissance ou les souvenirs attachent encore à ses représentants, les générations nouvelles n'en connaissent même plus les conditions, et parlent de ce passé de l'ancien régime comme d'un fait purement historique et sans liaison possible avec l'avenir ?

La monarchie parlementaire qui, malgré ses incontestables avantages, malgré la modératiou du gouvernement honnête de son souverain et la popularité d'une famille justement aimée et estimée, a disparu dans un jour d'orage comme un arbrisseau sans racines, pour avoir méconnu les droits de cette souveraineté nationale, qui réclamait à des conseillers aveuglés un premier et si faible affranchissement ?

Nous avons expérimenté toutes ces formes de gouvernement, et aucune ne s'est trouvée assez solide

pour résister à l'effort du courant des idées modernes,
soit vice propre en elles-mêmes, soit comme entraînées par l'esprit de légèreté et d'instabilité qu'on
reproche au caractère des Français, avides de chan-
gements et d'émotions nouvelles et se fatiguant à
court délai, en vrais Athéniens modernes, des vertus
d'Aristide.

*
* *

Quelle doit donc être notre conduite dans la tenta-
tive suprême que nous allons être appelés à faire
après les désastres de 1871 pour reconstituer un
gouvernement durable?

Rechercher s'il n'y aurait pas une combinaison
possible, de nature à amener une certaine conciliation dans les partis politiques, en prenant pour base
l'intérêt de la France au lieu de l'intérêt de ces partis
trop divisés pour qu'un seul d'entre eux puisse assu-
mer la responsabilité, en face de l'hostilité des autres,
d'un gouvernement stable et régulier.

Serait-ce donc absolument impraticable?

Il n'y a point d'illusion à se faire sur les tendances
de l'esprit moderne, et surtout sur celles des jeunes
générations auxquelles l'avenir appartient.

Ells se lisent clairement dans les pages si mouve-
mentées des années et des événements que nous
avons subis depuis un demi-siècle.

Ces tendances sont essentiellement démocratiques
et se rattachent naturellement à la forme républicaine,
qui contient l'élément vital de la souveraineté du

peuple, parce que la République vraie est le gouvernement du pays par le pays.

On a toujours peur du mot, qui représente le mauvais encore plus que le bon dans l'histoire du passé; mais les esprits sérieux ne s'attachent pas seulement aux mots, et cherchent de plus en plus à aller au fond des choses.

Qu'importerait le mot si nous avions la chose !

La France sera prochainement appelée à décider quelle sera la forme de son gouvernement.

Il semble admis par tous qu'elle ne saurait plus vivre que sous le principe démocratique.

L'application sincère de ce principe est presque irréalisable sous une monarchie héréditaire, quelles que soient les promesses faites à son commencement : l'antagonisme est inévitable.

Un pouvoir à vie s'harmoniserait plus aisément avec les instincts et les nécessités de la démocratie.

Le nom d'Empire se rattachant à l'idée d'élection vaudrait mieux que celui de Royauté, toujours entaché du souvenir du droit divin, aussi antipathique à un grand nombre, qu'à d'autres le nom République.

*
* *

Nous voudrions donc voir la France proclamer un Empire électif à vie, en même temps qu'une Constitution franchement démocratique et républicaine, laissant à son Empereur beaucoup de latitude pour faire le bien et peu pour faire le mal.

Nous voudrions que la Constitution établît une Assemblée permanente et renouvelable par cinquième, gardienne perpétuelle de la souveraineté nationale, et indiquant constamment l'état véritable de l'opinion du pays par la fréquence même du renouvellement d'une partie de ses membres.

La pondération des pouvoirs entre l'Assemblée et le Chef élu est incontestablement une rude tâche à accomplir; mais dans quelle autre combinaison y arriverait-on d'une façon plus certaine pour contenter toutes les opinions?

Le pays serait représenté par un Souverain, ce qui donnerait en partie satisfaction aux aspirations monarchiques d'un grand nombre; mais ce Souverain serait électif et ses pouvoirs expireraient avec lui, et il dépendrait de la voix du peuple, c'est-à-dire du suffrage universel, de fonder auprès de lui une Constitution donnant à la démocratie toutes les garanties qui peuvent assurer les institutions libérales; ce serait en réalité la République que demandent les républicains raisonnables, et dont l'Empereur serait le président à vie.

Est-donc trop de la vie d'un homme, quand le choix en est sage et intelligent, pour exercer une influence profitable, au moyen des pouvoirs qui lui sont confiés dans une mesure modérée, sur le gouvernement de son pays?

Là, du moins, on ne peut le nier, se trouveraient des conditions d'une certaine stablilité, si indispensable à un pays comme le notre, et la chance de voir se fonder sérieusement la liberté dans l'ordre public, rêve si longtemps cherché, seul gage fécond de notre prospérité.

*
* *

Une fois entrés dans cet ordre d'idées de la fusion possible de la forme et des principes, quel est l'homme sur lequel il conviendrait en ce moment que la voix publique dût se porter ?

Pour nous, le choix serait facile, et nous n'hésiterions pas à confier le dépôt de la fortune publique et la garde du drapeau de la France à l'un des princes de la maison d'Orléans, et nous indiquerons de suite le nom du duc d'Aumale.

S'il est un fait incontestable, c'est qu'en partant pour l'exil après la foudroyante révolution de 1848, encore aujourd'hui incomprise et inexpliquée, les princes d'Orléans ont laissé derrrière eux un excellent souvenir qui n'est point oublié par les générations qui les ont connus.

Dans l'armée comme dans la marine, au milieu du peuple et de la bourgeoisie, ils étaient des princes véritablement populaires, et nous pouvons dire que cette popularité les a suivis dans le long exil qu'ils ont su supporter avec autant de dignité que de prudence.

Ils n'ont cessé pendant cette période difficile de donner des gages sérieux de leur vrai patriotisme, en évitant avec un soin religieux tout acte qui eût pu tendre à troubler le repos du pays, pour lequel on sait qu'ils ont conservé un attachement filial, malgré les duretés d'un si pénible bannissement.

Ils ont bien mérité de la France, et le moment est peut-être venu pour elle de leur témoigner sa reconnaissance et de montrer qu'elle n'a pas oublié les services du passé.

Aujourd'hui, il ne peut plus s'agir ni de succession de droit divin, ni d'hérédité royale ; quelles que puissent être les qualités personnelles du comte de Paris, il est malheureusement un étranger ou plutôt un inconnu pour nous, et son nom serait insuffisant pour accomplir l'œuvre dont en ce moment nous recherchons la réalisation. L'avenir peut lui être réservé, s'il s'en montre digne.

Il n'en est pas de même du duc d'Aumale, l'ancien général d'Afrique et le généreux dispensateur d'une grande fortune ; c'est bien autour de son nom que se sont réunis les sentiments les plus durables de cette popularité que nous venons de signaler, et nous n'hésitons pas à croire que, dans un plébiscite, ce nom serait de nature à entraîner une grande majorité des suffrages.

Déjà il a été prononcé pour la présidence actuelle de la République, et peut-être s'il n'avait pas eu la sagesse de reculer devant l'entraînement de partisans imprudents, ingrats pour les services de l'homme illustre et dévoué qui dirige en ce moment les destinées de notre malheureuse France, et qui seul peut encore les diriger, le duc d'Aumale serait venu trop tôt prendre le redoutable fardeau de cette difficile mission.

Mais ce n'est pas assez du titre de président de la République ; le duc d'Aumale devrait être proclamé empereur à vie des Français ou de la République française.

Plus de révolutions !

Henri V ou le comte de Paris, représentants de la forme monarchique, seraient impuissants, l'un ou l'autre, à contenir cette marée montante des révolutions, qui, si on ne l'arrête, finira par submerger le pays.

Le comte de Chambord semble l'avoir compris, et a donné, non sans quelque grandeur, sa démission de prétendant en s'enveloppant, comme le soldat tombant sur le champ de bataille, dans les plis du drapeau de sa race.

L'union ou plutôt la fusion des partisans de la branche aînée et de la branche cadette des Bourbons, offrirait-elle plus de gages à la sécurité de la France ?

Qui oserait l'affirmer, en présence de ces secousses ou plutôt de ces tremblements de terre périodiques qui n'ont cessé de la bouleverser depuis la naissance au siècle dernier de ces aspirations démocratiques et républicaines qui persistent à voir dans la forme monarchique l'obstacle à tous les progrès de la liberté politique et des améliorations sociales ?

C'est peut être une erreur, mais comment en convaincre ces masses actives et ardentes qui ne veulent pas se laisser convaincre ?

La force matérielle n'est qu'une puissance passagère qui ne saurait rien fonder de durable ; l'expérience a déjà trop souvent montré combien elle était parfois dangereuse pour les mains qui croyaient pouvoir se reposer sur elle.

Ne nous abandonnons pas aux influences du prisme trompeur des théories et sachons tenir compte des faits.

Encore une fois, les générations nouvelles sont entraînées vers la démocratie. Bien imprudent qui voudra les arrêter sur cette pente irrésistible ! Ses efforts le briseront au milieu de nouvelles tempêtes.

Une transaction entre la monarchie et la république serait-elle donc impossible?

Le mouvement des idées qui s'est opéré depuis l'année dernière semble indiquer le contraire.

Le nombre des républicains modérés s'est évidemment accru dans une proportion inattendue, et s'accroîtra encore davantage à mesure que l'expérience démontrera que la République peut sauvegarder l'ordre public aussi bien que la monarchie, et chaque jour la solution du problème devient plus manifeste, grâce à la loyauté et au civisme du grand citoyen qui s'est chargé d'en faire l'épreuve.

Les idées marchent vite en France, et deux ou trois années de paix intérieure avec le régime actuel en si bonnes mains, auront constitué un parti puissant pour qui la nécessité d'un roi héréditaire aura fait place à une conviction nouvelle.

La combinaison politique confiant à un prince d'Orléans le dépôt d'une constitution essentiellement démocratique semblerait devoir offrir les avantages d'un compromis de nature à concilier les partis autant que la chose est humainement possible.

Pour les légitimistes, c'est encore le sang d'Henri IV qui coule dans les veines du représentant de la France.

Pour les orléanistes et les parlementaires, c'est un des membres les plus populaires de la famille à laquelle ils se sont attachés.

Pour les républicains, c'est l'expression de la souveraineté nationale qui choisit son chef et qui se réserve un nouveau choix, quand la mission aura été remplie, en laissant ainsi inctact le gouvernement du pays par le pays, se manifestant sans cesse par l'exercice du suffrage universel.

*
* *

Entendons-nous donc pour amener ce compromis, et tenter les chances d'un régime qui serait peut-être celui qui nous diviserait le moins.

Un Empire électif et démocratique semble être, en effet, la forme politique qui se prêterait le mieux, sous le règne de la liberté inscrite dans une constitution républicaine, à la réalisation de tous les vœux émis par l'opinion de la majorité libérale et conservatrice du pays.

Tout d'abord, paix à l'intérieur.

Paix à l'intérieur, par la conciliation et par le respect religieux de la constitution qui sera la loi de tous, sous la tutelle de nos Assemblées librement et loyalement élues.

Maintien énergique, et on pourrait dire implacable de l'ordre et de la sécurité publique.

Soins incessants donnés à l'instruction populaire pour répandre le plutôt possible la lumière au milieu des ténèbres de l'ignorance profonde des masses, encore incapables de comprendre les droits politiques et surtout les devoirs moraux des citoyens. C'est là où, avant tout, se trouve le salut du pays : aucun sacrifice ne saurait lui être trop lourd pour guérir la plaie de cette ignorance. D'ici à longtemps, c'est à l'instituteur que doit appartenir la régénération la plus féconde du civisme et du patriotisme en France.

Notre plus dangereux ennemi, l'allié le plus fidèle du désordre, c'est l'ignorance. Tous les millions dépensés pour la combattre, seront des trésors placés à intérêts accumulés, qui centupleront sa puissance morale et sa richesse matérielle.

Modération excessive dans l'usage des attributs extérieurs d'un pouvoir, qui ne serait autre en réalité que celui du premier magistrat de la République.

Point de cour, point de chambellans, point de courtisans, si c'est possible. C'est une erreur de croire qu'à notre époque le faste des fêtes royales soit nécessaire pour augmenter la richesse publique et que Paris ne saurait vivre sans leur luxe aristocratique. Ce ne sont en réalité que des causes de démoralisation dans le cercle très-restreint en définitive des privilégiés, qui en font profiter leur vanité ou leur ambition, et un spectacle qui devient trop souvent une atteinte, vivement sentie par les déshérités de la fortune, au principe d'égalité, qui semble encore plus cher à l'esprit français que celui de liberté.

La simplicité chez ses gouvernants a été et sera toujours un moyen sérieux de popularité en France. Qu'on relève les ruines des Tuileries, non pas pour en faire une habitation royale, mais le dépôt agrandi de tous les trésors artistiques de la France, et qui joindra aux chefs-d'œuvre de l'art ancien tous ceux que produit l'art moderne, dont la collection incomplète et mal exposée du Luxembourg deviendrait le noyau. — Un palais plus simple serait suffisant pour le séjour du nouvel Empereur républicain.

Étude et discussion sérieuse et publique des doctrines diverses du socialisme dont l'esprit travaille si activement les masses ouvrières. Le monstre existe et menace la société : le vrai moyen de le combattre est de n'en pas avoir peur, d'aller à lui, de l'inonder de lumière et de le vaincre, en se servant contre lui de celles de ses théories qui peuvent être utilement employées au profit des améliorations sociales.

*
* *

Le second vœu de l'opinion publique, non moins énergique que le premier, est celui de Paix à l'extérieur.

Point de conquêtes, point d'agressions chez nos voisins, ni d'immixtions dans leurs affaires. — La France chez elle et les voisins chez eux.

Qu'aucune guerre ne puisse être entreprise sans le consentement de la nation tout entière, qui doit toujours avoir le droit de donner ou de refuser le sang de ses enfants.

La guerre est une monstruosité qui devrait être rayée du code des nations, et qui le serait, si elles étaient sincèrement consultées.

Une seule , hélas! deviendrait indispensable et serait imposée par la volonté inflexible du peuple français à son nouvel Empereur, si la sagesse des gouvernements de l'Europe n'en prévient pas la cause trop légitime.

Est-il besoin de dire que c'est celle exigée pour la revendication du territoire national violemment et injustement arraché à la France dans une heure funeste d'affaiblissement et de surprise !

C'est là une de ces nécessités fatales qui réclament tous les efforts et les sacrifices suprêmes d'une nation, déjà du reste prévus et consentis à l'avance par l'unanimité des citoyens et par tous les partis.

Il faut que la Lorraine et l'Alsace soient restituées à la France. — Aucun gouvernement ne pourrait subsister chez elle sans en mettre l'obligation en tête de son programme.

L'œuvre doit être entamée aussitôt qu'on sera prêt : il ne s'agit point d'une question de gloriole militaire. — L'agression contre l'Allemagne a été injuste : l'agresseur a été battu et doit porter la peine de sa témérité ; — mais cette peine ne saurait aller jusqu'au démembrement qui a changé les rôles, et la France a la même obligation absolue de reconquérir ses provinces, que l'Allemagne eût eu ce devoir si le sort des armes lui eût été contraire.

C'est une nécessité cruelle s'il faut encore que le sang coule pour y satisfaire; mais, encore une fois, aucun gouvernement ne saurait s'y soustraire, et l'œuvre devra s'accomplir dans la limite de la justice et de la raison.

On ne saurait nier qu'en ce moment l'opinion des masses aille plus loin qu'une simple revendication et que le mot de *revauche* ne soit dans presque toutes les bouches. Les Allemands ont fait une guerre trop barbare et trop en dehors de la civilisation moderne pour ne pas expliquer ce sentiment; ils n'ont reculé devant aucune des atrocités et des rigueurs qu'un vainqueur inexorable peut faire subir au vaincu.

Peut-on s'étonner qu'au souvenir encore palpitant de si déplorables excès cette idée de revanche occupe tant d'imaginations, alors surtout que même depuis la fin de la guerre, les armées allemandes ont continué à montrer dans la dureté de leur occupation militaire le froid mépris de tous les sentiments de générosité et de délicatesse, alors qu'ils exercent impitoyablement les droits les plus monstrueux de la victoire, comme si on cherchait à entretenir avec soin les passions de la haine et de l'animosité, non-seulement avec la Prusse, mais avec toutes les autres populations allemandes dont on craindrait les penchants plus sympathiques à la France?

Mais après un certain temps le bon sens public reprendra le dessus : il laissera aux Allemands le stigmate odieux de leur conduite dans la dernière guerre et n'aura pas d'autre but que de reprendre par la force, s'il le faut, les provinces qui ne peuvent cesser d'appartenir à la France.

Et qui pourrait sérieusement douter qu'elle sera assez puissante pour le faire?

L'Allemagne a eu la bonne fortune de trouver le lion engourdi et on peut dire sans défense, et l'a terrassé par surprise. C'était le combat du guerrier bien armé et bardé de fer contre un adversaire nu et sans armes. Le résultat ne pouvait en être douteux.

Mais est-il un seul esprit de bon sens en Allemagne qui puisse croire que lorsque dans un délai prochain, notre grande nation inépuisable en hommes et en trésors, régénérée et forte de l'expérience de sa défaite, opposera au million de soldats allemands son million de soldats français surexcités par la flamme patriotique et le besoin de venger les revers passés, les résultats de la lutte seront les mêmes que dans la guerre de 1870? Le souvenir des premières batailles à nombre si inégal, peut d'avance éclairer l'Allemagne à cet égard.

Espérons plutôt que la fortune de la France la préservera d'aussi sanglantes extrémités par un dénouement pacifique.

L'Europe reconnaîtra que la continuation du démembrement de la France constituerait un état perpétuel de convulsions où elle aurait tout à perdre, et ses gouvernements s'entendront pour étouffer ce germe redoutable de désordres et de déchirements inévitables, au moment surtout où toutes les populations sont travaillées par des ferments malsains qui tendent à désorganiser la société tout entière, et contre les efforts desquels ce n'est pas trop que l'influence de la paix universelle.

L'Allemagne elle-même, aujourd'hui énivrée par son triomphe militaire, reviendra à des idées plus raisonnables et surtout plus pacifiques ; elle ne tardera pas à reconnaître que ce n'est point pour assurer la paix mais au contraire pour assurer la guerre que le chancelier de la Prusse a exigé ce funeste démembrement. La Prusse ne peut, en effet, conserver sa suprématie en Allemagne que par le règne du sabre et de la prépondérance militaire. Si le traité de Versailles eût compris seulement l'indemnité de guerre et des garanties raisonnables pour éviter un nouveau conflit, une paix sérieuse et amicale eût pu encore s'établir entre la France et l'Allemagne sous un nouveau gouvernement.

Plus de prétexte dès lors au règne militaire. Les armées eussent été licenciées pour faire place au règne du commerce et de l'industrie et à l'expansion de la liberté, qui ne saurait fleurir au milieu des canons d'acier et des fusils à aiguille, et dans peu de temps la Prusse serait redevenue ce qu'elle est en réalité, un pays pauvre et en arrière des autres nations dans les progrès industriels et commerciaux et forcée d'abaisser son ambition et son orgueil aristocratique devant la prospérité et la richesse des autres États allemands.

Telle ne pouvait être la politique de M. de Bismark, et l'Allemagne s'est laissée égarer dans son enivre-

ment, dont elle sentira bientôt les dures consé-
quences.

Mais le jour ne tardera pas à se faire, et on ne peut
supposer une durée bien longue à la folie d'une nation
entière, admettant de sang-froid et seulement pour
satisfaire sa vanité, car l'expérience vient de lui montrer combien serait vain le prétexte de prétendues
frontières plus ou moins bien gardées devant l'inva-
sion d'un million d'hommes, la chance certaine de
guerres interminables dont la prolongation finirait par
ruiner et éteindre la puissance la plus sûre d'elle-
même.

Attendons donc avec confiance une solution pacifique que l'influence et la sagesse du nouvel Empereur aideraient à réaliser !

Que la Providence nous épargne la calamité d'une
guerre nouvelle, et qu'elle enseigne aux puissants de
la terre que la plus modeste paix vaut mieux mille fois
que la guerre la plus brillante.

*
* *

Mais surtout, dans l'état de crise redoutable que
traverse cette France que nous aimons tant, et qui
réclame tous nos dévouements, soyons patriotes et
Français avant d'être hommes de parti. Ce n'est pas
trop de l'unanimité de nos efforts réunis pour conjurer
le péril ; l'union peut nous sauver, la discorde achève-
rait notre ruine.

Serrons donc nos rangs et marchons ensemble vers
le but que nous voulons tous atteindre : l'ordre et la
liberté, la paix et l'honneur de la patrie.

Si le choix du duc d'Aumale et sa nomination à vie à la présidence de la République sous le titre d'Empereur, peuvent tendre à faciliter cette union si nécessaire, n'hésitons pas à les provoquer, et demandons au Dieu qui protége la France de conserver longtemps encore auprès de lui les conseils de l'illustre citoyen à qui ses destinées ont été confiées aux jours des plus immenses périls, et qui a bien mérité de la patrie en la sauvant, par sa sagesse et son intelligence, des abîmes où elle a été si près de se perdre !

FLAVIUS.

Paris, Paul Dupont, 41, rue J.-J.-Rousseau. 3646-11.71.